AF249383

INTRODUCTION

A L'ÉTUDE DU

DROIT ADMINISTRATIF

PREMIÈRE CONFÉRENCE

FAITE

A L'ÉCOLE IMPÉRIALE DES PONTS ET CHAUSSÉES

PAR

LÉON AUCOC,

Maître des requêtes,

Commissaire du Gouvernement près le Conseil d'État au contentieux.

PARIS, IMPRIMERIE ADMINISTRATIVE DE PAUL DUPONT,
Rue de Grenelle-Saint-Honoré, 45.

1865.

Je sens plus vivement que je ne puis le dire tout l'honneur que m'a fait S. Exc. M. le Ministre de l'agriculture, du commerce et des travaux publics en me confiant le soin d'enseigner le droit administratif dans cette école. Le corps d'élite qui se recrute ici, par la voie du concours, a couvert le sol de la France d'admirables travaux, et beaucoup de ses membres ont été porter leurs talents, et avec eux la gloire pacifique du nom français, non-seulement dans la plupart des pays de l'Europe, mais au delà des limites de l'Europe elle-même. Aussi, ma première parole, en ouvrant ces conférences, doit-elle être un témoignage de gratitude pour la marque de haute bienveillance dont j'ai été honoré.

Mais je ne sens pas moins vivement toutes les difficultés de ma tâche.

Pour vaincre ces difficultés, je n'ai pas la longue expérience du savant professeur qui, pendant plus de trente ans, a occupé cette chaire, et qui a complété son enseignement par des travaux approfondis et estimés.

Je n'ai pas le savoir si étendu et si varié et la haute autorité du conseiller d'État éminent, l'un des maîtres de la science administrative, qui, l'année dernière, est venu remplacer temporairement un nouveau professeur dont vous n'avez pu apprécier les brillantes qualités, parce qu'elles l'ont fait appeler aux fonctions de secrétaire général du ministère de l'instruction publique au moment où il allait prendre possession de cette chaire.

En donnant cette nouvelle preuve d'un zèle toujours jeune pour la diffusion des doctrines qu'il a largement contribué à fonder, M. le conseiller d'État Boulatignier m'a fourni une précieuse occasion de rendre à son mérite un hommage public. Et je suis d'autant plus heureux de saisir cette occasion que j'ai puisé dans les leçons qu'il donnait, il y a plus de quinze ans, à l'École nationale d'administration, trop tôt supprimée, et plus tard dans ses bienveillants entretiens, les notions fondamentales et le goût de la science administrative.

Pour moi, Messieurs, j'entre aujourd'hui dans une carrière nouvelle; vous comprendrez donc que je ne sois pas sans inquiétude, surtout quand je me compare à ceux qui m'ont précédé ici. Toutefois, puisque des juges assurément compétents ont eu confiance dans mes forces, j'aurais mauvaise grâce à montrer trop de défiance de leur jugement.

Je viens donc mettre à votre service ce que j'ai pu acquérir de connaissances par mes études théoriques et par la pratique des affaires dans le sein du Conseil d'État, de ce grand corps qui est sans cesse appelé, par sa triple mission, à discuter et à poser les principes du droit, soit lorsqu'il rédige les projets de loi, soit lorsqu'il concourt à l'expédition des affaires d'administration, soit enfin lorsqu'il exerce, sous le nom de l'Empereur, la juridiction suprême en matière administrative. Les fonctions que j'ai l'honneur de remplir au conseil d'État sont assurément le principal, sinon le seul titre, qui m'ait fait charger de cet enseignement. Je ne l'oublierai pas, Messieurs, et je m'efforcerai d'être ici l'écho fidèle des traditions de respect du droit privé, de modération et d'équité qui s'affermissent et se développent chaque jour davantage dans la jurisprudence du Conseil.

Ce qui m'encourage d'ailleurs, c'est que j'ai pour auditeurs des jeunes gens qui ont donné, dans de nombreux et difficiles concours, la preuve de leur aptitude à tout apprendre : des jeunes gens qui, dans une année, seront investis de fonctions publiques, et qui, en face de cette responsabilité prochaine, ne négligeront rien pour se mettre en état de remplir dignement leurs fonctions.

I.

J'ai à vous introduire dans un monde tout nouveau, dans un ordre d'idées auquel rien n'a encore préparé vos esprits.

On vous a enseigné jusqu'ici les lois qui président à la constitution et aux rapports des quantités, des figures, des corps qui existent dans la nature. Je viens vous entretenir des règles qui président aux rapports des hommes entre eux.

Vous n'avez plus affaire ici à ces abstractions qui s'enchaînent méthodiquement et qui ne causent d'autre peine que celle que l'on éprouve parfois à les bien saisir. Vous n'êtes plus en présence de ces forces physiques qui suivent régulièrement les lois de leur existence, et dont vous pouvez disposer à votre gré quand vous avez approfondi les secrets de leur nature. Vous êtes en face d'êtres libres, qui ont des facultés dont ils sont maîtres dans une certaine mesure, dont ils peuvent user et abuser, et qui, bien qu'ils soient, eux aussi, assujettis à des lois, ont le périlleux pouvoir de les méconnaître et de les violer, à leurs risques et périls.

Cette nature toute spéciale du nouvel objet de vos études entraîne nécessairement des combinaisons d'idées toutes différentes de celles qui vous ont occupés jusqu'à ce jour.

Vous reconnaîtrez bientôt qu'il n'y aurait rien de plus dangereux que de transporter dans vos rapports avec les hommes ces procédés d'esprit qui conviennent si bien aux études mathématiques, cette logique inflexible qui ne s'arrête jamais devant aucune conséquence. Vous verrez qu'il faut bien se garder de prétendre appliquer avec des êtres libres ces règles qui sont si exactes dans le monde des abstractions.

Ainsi, rien de plus vrai en géométrie que cette règle : « La ligne droite est le plus court chemin d'un point à un autre. » Et cependant vous ne l'appliquez déjà plus d'une manière rigoureuse quand il s'agit de la confection des routes. On vous a appris que, dans la première moitié du XVIIIe siècle, des ingénieurs inexpérimentés avaient cru aller au plus court en traçant des routes en ligne droite à travers des terrains montueux; ils avaient compté sans les pentes qui rendaient leurs chemins impraticables. Aujourd'hui, pour franchir les montagnes, on ne les gravit pas en ligne droite; on les tourne.

Je puis vous dire à mon tour : Si vous rencontrez des

résistances, des obstacles dans vos rapports avec les hommes (et vous en rencontrerez, lors même que vous n'auriez commis aucune faute), le meilleur et le plus court moyen de vous en délivrer, ce ne sera pas de les attaquer de front, ce sera de les tourner. Non pas que je vous conseille des manœuvres tortueuses indignes d'honnêtes gens. On peut, Dieu merci! être honnête sans être violent et rigoureux, et tout ce que je veux vous apprendre, c'est que lorsqu'on est appelé à agir sur les hommes, il faut savoir négocier, user de patience, de conciliation et de tempéraments.

Mais, si la science que je viens vous enseigner est nouvelle pour vous, elle n'en a pas moins une grande utilité au point de vue de l'accomplissement de votre mission.

La mission de l'ingénieur, Messieurs, est belle; elle offre un puissant intérêt; elle mérite de vous passionner. C'est une œuvre à la fois de conservation et de progrès, et je n'admets pas qu'on la rabaisse en disant qu'elle ne tend qu'au progrès matériel; car tous les genres de progrès se tiennent, et ils se servent quand on sait les diriger.

Ainsi que l'a dit Colbert dans une de ces paroles qui montrent que ce grand ministre voyait juste et loin : « C'est « principalement de la facilité des chemins que dépend l'a- « vantage du commerce et le bien du public (1). » En effet, Messieurs, les travaux publics, dont l'exécution est confiée au corps des ponts et chaussées, exercent nécessairement la plus grande influence sur le commerce, l'industrie et l'agriculture. La construction et l'entretien des routes, le perfectionnement des rivières navigables, la création des

---

(1) Lettre à M. de Basville, intendant de la généralité de Poitiers, 16 février 1682.

canaux, l'amélioration des ports, enfin la construction des chemins de fer, ont transformé la face du pays. Tous ces travaux ont augmenté dans des proportions considérables la valeur des terres en facilitant le transport des produits agricoles; ils ont développé l'industrie en créant des débouchés, et donné au commerce un prodigieux essor.

S'il fallait un chiffre pour mettre en lumière une vérité qui frappe tous les yeux, il suffirait de rappeler que, dans la dernière session législative, l'éminent directeur général des ponts et chaussées et des chemins de fer exposait, aux applaudissements de la Chambre, que, grâce aux seuls chemins de fer, le pays faisait chaque année une économie de 700 millions de francs sur le transport des marchandises, de 160 millions sur le transport des personnes, et de 240 millions d'heures, qui auparavant étaient absorbées par de longs voyages.

Et cette économie, elle est réalisée sur les résultats d'un système déjà très-perfectionné de viabilité publique. Car à côté des 13,084 kilomètres de chemins de fer dont le pays tire ce merveilleux profit, nous avons 38,262 kilomètres de routes impériales, 47,852 kilomètres de routes départementales et 223,527 kilomètres de chemins vicinaux à l'état d'entretien (je laisse de côté le surplus de ces chemins, qui rendent cependant des services), au total 309,641 kilomètres de chemins régulièrement entretenus, auxquels il faut joindre plus de 6,000 kilomètres de rivières navigables et 4,700 kilomètres de canaux et rivières canalisées.

Voilà l'ensemble des voies de communication qui ont fait faire au pays un immense progrès, si rapidement dépassé par celui qu'amènent les chemins de fer.

Ce qui doit exciter particulièrement votre zèle, c'est que

ces progrès sont de date récente et qu'ils suivent une marche continue qui vous promet un légitime aliment pour votre activité.

Je ne parle pas seulement des chemins de fer ; tout le monde sait que, il y a vingt-cinq ans, ils ne comptaient pas en France dans les moyens de circulation publique ; mais il en est presque de même des travaux des routes, des ponts, des canaux.

A l'époque où se sont élevées ces magnifiques cathédrales gothiques qui perpétuent le souvenir de la foi et de l'art du moyen âge, et même à l'époque plus récente où l'art si différent de la Renaissance a élevé les châteaux de Fontainebleau, de Chambord, de Chenonceaux, de Blois, les nécessités de la circulation semblaient oubliées, les moyens d'y pourvoir étaient presque inconnus.

Après Charlemagne et ses successeurs immédiats, qui s'étaient inspirés des traditions romaines, l'autorité publique avait déserté le rôle qui lui appartenait. A son défaut, l'association religieuse des frères pontifes avait élevé, du XIIe au XIVe siècle, un certain nombre de ponts. Le premier et le dernier de ces ouvrages, le pont d'Avignon et le pont Saint-Esprit, sont restés célèbres à divers titres.

Le gouvernement redevient plus vigilant à dater du XIVe siècle ; mais ses moyens d'action étaient bien limités. On entretenait çà et là, avec le produit de péages, quelques ponts mal construits et bientôt ruinés, les chaussées qui donnaient accès à ces ponts, des passages particulièrement difficiles et des tronçons de routes aux abords des grandes villes. Le reste des chemins était à l'état de sol naturel et devenait absolument impraticable en hiver.

Les seuls ouvrages publics qui méritent une mention,

au point de vue spécial où nous nous sommes placé, sont les levées et *turcies* établies, antérieurement au ix° siècle, le long de la Loire et de ses affluents, pour préserver les riverains des inondations et qu'il fallait sans cesse entretenir, fortifier et développer.

C'est sous Henri IV que se font les premiers efforts sérieux pour sortir de cet état de barbarie. Sully est investi de la charge de grand voyer. Le canal de Briare est commencé. Bradley obtient la concession générale du dessèchement des marais du royaume.

Plusieurs entreprises considérables de canaux signalent le règne de Louis XIII. Mais le canal du Midi, cette grande œuvre du génie de Riquet, qu'admirait le génie de Vauban, les laisse bien loin derrière elle.

Colbert, qui a dirigé l'exécution de cet ouvrage, donne une vive impulsion aux travaux des routes et ponts. Il est le premier qui ait centralisé ce service (car les efforts de Sully n'y avaient pas réussi), et qui l'ait doté de ressources permanentes et d'hommes spéciaux.

Toutefois, si Colbert a créé quelques routes qui arrachaient des cris d'admiration à Mme de Sévigné, qui lui faisaient écrire : « Ce ne sont pas des chemins, ce sont des mails et des promenades, *on marche sans jamais s'arrêter.* Les intendants ont fait des merveilles » , l'ensemble des résultats acquis à la mort du grand ministre, en 1683, n'était pas bien considérable. Nous voyons, par une lettre écrite à un intendant, en 1681, que, lorsque le Roi entreprenait des voyages, les intendants avaient à visiter les chemins, à faire remplir les mauvais endroits de cailloux ou de sable, s'il y en avait dans le pays, sinon à les faire remplir de terre avec du bois. Au besoin même on faisait ouvrir les terres riveraines en abattant les haies et comblant les fossés·(1).

Enfin, au xviii⁵ siècle, à partir de la Régence, le service des routes prend véritablement un grand essor, en même temps que celui des ponts, des canaux, des rivières et des ports. C'est que, le 1ᵉʳ février 1716, le corps des ingénieurs des ponts et chaussées a été créé et que les traditions de savoir, d'expérience pratique, de zèle et de désintéressement s'y transmettent désormais à travers les générations qui se succèdent, et souvent dans la même famille. Je n'aurais pas besoin de sortir de cette enceinte pour en trouver des exemples.

J'aurai à vous raconter, Messieurs, la brillante histoire du corps des ponts et chaussées quand je pourrai utilement vous en exposer l'organisation actuelle. Je le ferai sans peine, grâce aux savantes et curieuses études sur les voies publiques en France au xviiᵉ et au xviiiᵉ siècle, publiées en 1862 par M. Vignon, ingénieur en chef, qui a su tirer de la poussière des archives confiées à ses soins et habilement mettre en œuvre une foule de documents inédits et trop longtemps ignorés. Aujourd'hui je me borne à vous signaler la création du corps comme le point de départ du développement des grands travaux de viabilité publique.

Le souvenir des travaux accomplis au xviiiᵉ siècle ne peut être effacé. Mais combien il pâlit devant les merveilleux progrès accomplis de nos jours !

Rapprochez, en effet, cette série de chiffres qui n'ont pas besoin de commentaires.

---

(1) Lettre de Colbert à M. de Bouville, intendant de la généralité de Moulins, 5 février 1681.

La moyenne des dépenses faites annuellement pour les travaux des ponts et chaussées sous Louis XIV, de 1683 à 1700, n'est, d'après M. Vignon, que de 771,199 livres, ce qui représente 1,320,723 francs.

De 1737 à 1769, le budget annuel des ponts et chaussées est à peu près de 16 millions, en y comprenant pour 12 millions le produit du travail imposé, sous le nom odieux de corvée, pour la construction des grandes routes, aux classes de la société qui avaient le moins de ressources et qui retiraient le moins de profit de l'amélioration de ces voies publiques.

En 1790, d'après les indications données par Chaumont de la Millière, intendant des ponts et chaussées, dans un mémoire soumis à l'Assemblée nationale, on consacrait environ une somme annuelle de 23 millions aux travaux des ponts et chaussées, de la navigation et des ports maritimes. En grossissant ce dernier chiffre d'un quart pour tenir compte des dépenses faites dans les pays d'État, le Languedoc, la Bourgogne, la Bretagne et quelques autres qui formaient à peu près le quart du territoire français, et qui avaient conservé, à certains égards, comme vous le savez, leur administration propre, on ne dépasse pas le chiffre de 29 millions.

Sous le premier Empire, ce chiffre s'élève annuellement à plus de 40 millions. En douze années, Napoléon Ier a consacré plus de 488 millions aux travaux des routes, des ponts, des canaux, des rivières et des ports de commerce.

La Restauration a entrepris la création d'un vaste réseau de canaux de navigation, d'une étendue de 2,818 kilomètres, qui a coûté 280 millions.

Le gouvernement de Juillet 1830 a étendu et perfectionné les routes, poursuivi l'achèvement des canaux, amélioré de nombreux ports et commencé les chemins de fer. Il a, de plus, donné une impulsion toute nouvelle à la création des chemins vicinaux, qui, depuis la loi du 21 mai 1836, ont absorbé plus de 1 milliard 700 millions de francs.

Le gouvernement impérial n'est pas resté en arrière. Il a poursuivi avec ardeur tous les travaux antérieurement commencés. Il en a entrepris de nouveaux pour vivifier des contrées frappées jusque-là de stérilité, les Landes, la Sologne, la Dombes. Son œuvre capitale, c'est le développement des chemins de fer. En 1852, il n'y avait encore que 3,500 kilomètres de chemins à l'état d'exploitation, et vous avez vu que l'on en compte aujourd'hui 13,084 kilomètres.

Enfin, et ce qui résume tout, le budget ordinaire et extraordinaire des travaux publics, pour l'exercice 1866, s'élève à 116,488,000 francs (1).

Les travaux de chemins de fer absorbent, à eux seuls, une somme de 27,632,000 francs, à peu près égale à la totalité du budget des ponts et chaussées au moment de la révolution de 1789. Encore cette somme n'est qu'une partie de celle qui est dépensée pour ces voies de communication. Car les chemins exécutés de 1840 à 1864 ont coûté 6 milliards 500 millions. L'État n'a fourni, pour sa part, que 970 millions et les compagnies concessionnaires

---

(1) Ce chiffre ne comprend que les crédits applicables aux travaux à exécuter. Il faut y joindre, indépendamment des dépenses du personnel, une somme de 33,000,000 à payer aux compagnies de chemins de fer, à titre de garantie d'intérêts et qui fait, en quelque sorte, partie de la dette publique.

ont engagé dans ces travaux, qui reviendront un jour à l'État, un capital de 5 milliards 530 millions, auquel elles doivent encore ajouter plus de 2 milliards pour achever leur œuvre.

Voilà les conditions dans lesquelles vous venez à votre tour mettre la main à cette grande œuvre des travaux publics.

Mais comment remplirez-vous votre tâche? Y êtes-vous suffisamment préparés en ce moment? Vous suffit-il d'avoir approfondi toutes les règles de l'art du constructeur, de la mécanique, de l'hydraulique? Non, assurément. Vous n'êtes pas appelés à être exclusivement d'habiles constructeurs; vous devez préparer, diriger et suivre, dans toutes ses conséquences financières et juridiques, l'exécution des travaux dont vous avez fourni les plans, et vous vous trouvez ainsi les instruments, les organes des intérêts de la société dans leurs rapports avec les intérêts et les droits des particuliers. En un mot, vous devez participer à l'administration, à la gestion des affaires du pays : vous avez donc besoin d'une instruction spéciale sur ce point.

Vous avez pu déjà, Messieurs, dans le cours des missions qui ont suivi vos deux premières années de séjour à l'École, vous rendre compte à l'avance de l'existence de certaines règles que je dois préciser et faire entrer définitivement dans vos esprits.

D'abord, vous avez vu que le corps des ingénieurs des ponts et chaussées fait partie d'une hiérarchie de fonctionnaires qui concourent, à différents titres, à l'administration du pays, c'est-à-dire à la gestion des services publics organisés pour satisfaire les besoins collectifs des citoyens.

Vous savez qu'il y a dans le corps des ponts et chaussées différents degrés, depuis l'élève ingénieur jusqu'à l'inspecteur général ; que la direction suprême du corps appartient au ministre des travaux publics. Vous vous souvenez que, dans les différentes circonscriptions entre lesquelles le territoire de la France est divisé, les ingénieurs sont en relations avec les préfets, les sous-préfets, les maires ; qu'ils sont appelés à préparer certains projets de travaux sur lesquels votent des assemblées qui s'appellent conseils généraux de département, conseils municipaux ; qu'ils ont à défendre les intérêts de l'État dans des contestations engagées devant des juridictions de divers ordres, tribunaux civils, conseils de préfecture, Conseil d'État. Vous n'ignorez pas que, devant les conseils de préfecture, ils sont appelés non-seulement à fournir des rapports écrits, mais même à présenter des observations verbales en audience publique, en face des parties et de leurs avocats.

Vous en avez une idée vague ; il est nécessaire que vous en ayez une idée précise ; que vous sachiez exactement quelle est votre situation relativement à celle de tous ces fonctionnaires, de tous ces corps ; quelles sont les attributions de chacun, en un mot, quelle est l'organisation des pouvoirs publics, et particulièrement de l'autorité administrative.

Vous avez vu aussi que l'exécution des travaux publics vous amène à des rapports constants avec des entrepreneurs et avec les propriétaires. Aux entrepreneurs, on confie, à certaines conditions, le soin de fournir, à leurs risques et périls, les matériaux nécessaires, de réunir et de diriger les ouvriers qui emploient ces matériaux pour l'exécution des projets préparés par les ingénieurs. Aux propriétaires, il faut acheter les terrains nécessaires pour l'établissement d'un ouvrage public, ou bien donner un dédommagement à raison du préjudice qu'ils ont souffert sans être dépossédés. Dans d'autres cas, on leur demande une cotisation à raison des avantages que leur procure l'exécution d'un travail.

Ce n'est pas tout : il ne suffit pas de créer les routes et de les entretenir, il faut les défendre contre les détériorations provenant du fait de l'homme, contre les empiétements des riverains. Il y a là toute une série de mesures de surveillance et de répression dans lesquelles vous êtes appelés à intervenir.

Pour les cours d'eau, vous avez encore une mission de gestion et de surveillance à remplir. Et ce n'est pas seulement à l'égard de ceux qui constituent des voies de communication, les cours d'eau navigables et flottables ; c'est aussi pour les cours d'eau non navigables dont les eaux sont surtout employées aux besoins de l'agriculture et de l'industrie. Il faut pourvoir à ce que le pays tire le plus grand profit possible de la force motrice et de la puissance fertilisante des eaux, et en même temps il faut veiller à ce que les barrages établis pour créer des chutes d'eau n'élèvent pas le niveau des rivières de façon à gêner les usiniers établis en amont ou à causer l'inondation des propriétés riveraines ; il faut veiller à ce que le lit du cours d'eau ne s'encombre pas. Chacune des mesures auxquelles vous avez à concourir en pareil cas vous met en contact avec les intérêts et les droits privés.

J'en ai dit assez pour vous montrer que vous ne pourriez pas utilement remplir vos devoirs sans avoir étudié

les règles qui président aux rapports de l'autorité administrative avec les citoyens.

Et c'est pour cela que l'École des ponts et chaussées
compte le droit administratif au nombre des objets d'enseignement nécessaires à l'élève ingénieur.

Il n'en a pas été ainsi dès la création de l'École.

Lorsque, en 1747, un arrêt du Conseil du Roi inspiré
par Trudaine, qui dirigeait le service des ponts et chaussées sous les ordres du contrôleur général des finances
Machault, institua cette École, dont quelques écrivains
ont attribué à tort la fondation au cardinal Dubois ou au
cardinal Fleury, on semblait n'avoir en vue que de former des hommes habiles dans la pratique des travaux. Et
cette lacune dans l'instruction des ingénieurs, lacune
d'autant plus regrettable que leurs attributions s'étendaient
davantage et que les travaux qui leur étaient confiés ne
cessaient de se multiplier, a subsisté jusqu'en 1831. Il est
vrai qu'avant 1789, l'enseignement du droit administratif n'était donné dans aucune école et qu'il n'a été créé
d'une manière sérieuse et distincte à la Faculté de droit de
Paris que sous la Restauration, par M. de Gérando, qui par-
tage avec MM. de Cormenin et Macarel l'honneur d'avoir
inauguré cette science et d'avoir fait un corps de doctrine
de règles disséminées jusque-là dans une multitude de lois
et sans lien apparent.

Mais aussitôt que cet enseignement a été définitivement
assis, on a promptement reconnu que les élèves ingénieurs
devraient être des premiers à en profiter. Au mois de
décembre 1820, sur la proposition de M. l'inspecteur
Vauvilliers, le conseil de l'École demandait la création
d'un cours de droit général et administratif. Les élèves

eux-mêmes réclamaient cet enseignement. Un homme d'un haut mérite, qui a été récemment enlevé au corps des ponts et chaussées, M. l'inspecteur général Bommàrd, avait, au sortir de l'École, en octobre 1830, insisté vivement en ce sens, dans une note où se montraient déjà des vues larges et élevées.

Le cours a été institué par décision du 20 octobre 1831, et, depuis cette époque, les ingénieurs ne sont plus arrêtés par d'inextricables difficultés quand ils se trouvent, au sortir de l'École, face à face non plus avec des plans et des matériaux, mais avec des hommes et des affaires.

II.

Abordons, Messieurs, cette étude du droit administratif.

Aujourd'hui, et pour donner à l'édifice que nous devons élever ensemble des fondements larges et solides, j'ai le dessein de vous entretenir : de la notion du droit, — des différentes branches du droit, — de leur caractère propre, — et des monuments dans lesquels le droit se trouve renfermé.

Je vous demande grâce à l'avance pour l'aridité de l'exposé que je vais avoir à vous faire.

Assurément je toucherai à des idées générales, élevées, qui sont dignes de votre intérêt. Mais je suis condamné à ne vous les présenter que sous la forme d'une table des matières. Toutefois, cette vue d'ensemble sur la matière du droit, qui vous était complètement inconnue jusqu'ici, m'a paru indispensable comme introduction à l'étude du droit administratif, et vous avez, dans le cours de vos études, suivi et saisi facilement des idées plus abstraites que celles qui vont vous être exposées.

§ Ier.

La notion du droit, Messieurs, ne vous est inconnue qu'au point de vue scientifique, car on peut dire que nous en apportons tous l'instinct en naissant. La conscience nous révèle la distinction du juste et de l'injuste, et ce qu'on appelle le droit de propriété est une des premières idées qui viennent à l'enfant. Vous vous rappelez la manière dont Pascal, dans son langage si énergique et parfois si familier, décrit l'origine de la propriété : « Ce chien est à moi, disaient ces pauvres enfants ; voilà ma place au soleil, telle est l'origine de l'occupation de toute la terre. »

Mais il faut préciser et creuser cette notion en poussant jusqu'à ses fondements, c'est-à-dire aux nécessités de l'état de société.

Que l'homme soit né pour vivre en société, que l'état de société seul lui permette de se conserver et de se développer au point de vue physique, intellectuel et moral, vous n'en doutez pas plus que moi, et je ne perdrai pas de temps à vous le démontrer.

Il n'est pas moins évident que la société ne peut subsister et prospérer, qu'elle ne peut procurer aux hommes les biens qu'ils ont à en attendre, et le premier de tous, la sécurité, si chaque individu ne se soumet, dans ses rapports avec les autres hommes, à des règles qui limitent l'usage libre de ses facultés.

Le droit, dans son sens le plus large, est l'ensemble ou le résultat général des lois qui régissent les rapports des hommes entre eux, au point de vue de la justice.

Vous comprenez pourquoi j'ai ajouté « au point de vue de la justice ; » sans ces derniers mots, notre définition s'appliquerait à une partie de la morale, qui, elle aussi, comprend les obligations de l'homme envers ses semblables ; et la morale diffère sensiblement du droit, par l'étendue de son domaine, qui ajoute la charité à la justice ; elle en diffère aussi par l'origine et par la sanction de ses préceptes.

Il y a même une partie du droit qui confine à la morale et qui se confond presque avec elle.

On distingue, en effet, le droit en deux grandes parties : droit naturel et droit positif.

Le droit naturel est l'ensemble des règles qui résultent de la nature même de l'homme, qui n'ont d'autre auteur que le Créateur de l'homme, qui n'ont, en général, d'autre sanction que l'appréciation de la conscience, l'estime ou le mépris public et le jugement de Dieu.

Le droit positif, c'est l'ensemble des règles établies par les autorités publiques chargées de diriger les sociétés d'hommes, et qui ont leur sanction dans la nullité des actes faits en contravention à ces règles, ou dans les divers moyens d'action mis à la disposition de l'autorité publique.

C'est une belle étude, Messieurs, que celle du droit naturel ; elle a inspiré de nobles intelligences, et les a tenues dans de hautes sphères, où je voudrais pouvoir vous conduire à leur suite. Je voudrais pouvoir vous montrer que le droit naturel est le fonds commun de toutes les législations positives, et qu'on y trouve même des limites au pouvoir du législateur. Mais l'objet de mon enseignement me condamne à ne vous entretenir que du droit positif.

Je dois vous dire, pour terminer cette définition générale, que le mot *droit* a un autre sens. On l'applique par extension à toute faculté donnée par le droit, par la législation divine ou humaine, par exemple, le droit de propriété, c'est-à-dire la faculté accordée à un individu, à l'exclusion de tous autres, de disposer d'une chose et d'en retirer toute l'utilité qu'elle peut donner.

Les rapports des hommes étant de diverses sortes, il s'ensuit que le droit se divise en différentes branches.

Ainsi, pour passer du simple au composé, nous avons d'abord l'ensemble des règles qui régissent les rapports de particulier à particulier, et qu'on appelle le droit privé.

Puis les règles qui régissent les rapports des particuliers avec la société dans laquelle ils vivent : c'est le droit public.

Enfin les règles des rapports qui existent de société à société, de nation à nation : le droit international.

Du droit international, je ne vous dirai rien, par la raison qui m'a conduit à ne pas vous entretenir du droit naturel. Il est bon seulement de vous indiquer que les traités conclus entre les nations ne contiennent qu'une partie des règles qui président au rapport de ces nations, et que c'est dans le droit naturel que se trouvent surtout les fondements du droit international.

Restent le droit privé et le droit public.

La logique semblerait devoir me conduire à commencer par le droit privé.

Le droit public qui, dans l'acception la plus large de ce mot, renferme les règles de l'organisation de la société, contient, en effet, des garanties établies pour assurer la libre jouissance des facultés de chaque citoyen et des sacrifices imposés à chaque citoyen en vue de la collection des intérêts privés qui forme l'intérêt public. La société n'existe pas pour elle-même; elle existe pour l'individu : c'est donc des droits respectifs des individus qu'il faudrait nous occuper d'abord.

Mais le droit public renferme aussi la constitution des autorités qui établissent les règles du droit positif. Il est donc naturel de remonter d'abord à la source du droit individuel.

Aussi, nous commencerons ce coup d'œil d'ensemble par le droit public, c'est-à-dire l'ensemble des règles qui régissent les rapports de l'homme avec la société dans laquelle il vit.

§ II.

Droit public. Pour vous en donner une idée exacte, il faut subdiviser cette branche du droit en trois parties : droit public proprement dit, ou droit politique et constitutionnel, — droit administratif, — droit pénal.

Droit politique ou constitutionnel. I. — Le droit politique ou constitutionnel comprend lui-même deux parties distinctes : d'abord ce qui concerne les droits garantis aux citoyens, puis l'organisation des pouvoirs publics qui président à la marche de la société.

Les droits garantis aux citoyens, ils sont contenus dans cette formule fameuse : les principes de 1789.

Ces principes, que certaines écoles politiques, placées aux deux pôles opposés, affectent de confondre avec l'esprit révolutionnaire, lorsqu'elles les combattent ou lorsqu'elles les exaltent, ne sont pas autre chose que l'expression de la justice dans l'organisation politique et sociale.

Ils ne s'appliquent pas sans restrictions. Les nécessités de l'organisation sociale et les fréquentes révolutions qui ont agité notre pays ne l'ont pas permis, et, sur certains points, il est impossible de méconnaître que les restrictions sont considérables. Mais les principes ont toujours subsisté depuis 1789 : aucun d'entre eux n'est effacé, et les restrictions disparaissent à mesure qu'elles cessent d'être nécessaires.

L'énumération des principes de 1789 peut se faire en quelques mots : souveraineté de la nation, — séparation des pouvoirs publics, comme première condition d'un gouvernement libre, — vote de l'impôt par les représentants de la nation, — responsabilité des agents du gouvernement.

Égalité civile, ou plutôt égalité devant la loi, devant la loi d'impôt comme devant la loi pénale, — égale admissibilité aux fonctions publiques, — liberté individuelle, — liberté de conscience et des cultes, — liberté de publier ses opinions, — liberté du travail, — droit de réunion, — inviolabilité de la propriété, que nul citoyen ne peut être contraint de céder, si ce n'est pour cause d'utilité publique, et après le payement d'une indemnité, — gratuité de la justice, — droit de pétition.

Nous retrouverons la plupart de ces droits dans l'exposé des règles du droit administratif. Je me borne à regret à cette nomenclature.

A ces droits, qui sont l'apanage de tous les Français, il

faut ajouter les droits politiques proprement dits, ceux qui permettent de participer à la constitution de la puissance publique : le droit d'élire les députés, le droit d'être élu aux fonctions de député.

En second lieu, le droit public comprend l'organisation des pouvoirs publics qui président à la marche de la société.

C'est d'abord le pouvoir législatif qui est chargé d'établir les règles de conduite imposées aux citoyens, ce qu'on appelle les lois, et à qui il appartient également de créer les ressources nécessaires pour les services publics destinés à satisfaire les besoins collectifs des citoyens.

Nous verrons plus tard comment ce pouvoir est réparti actuellement entre l'Empereur et les grands corps de l'État : le Sénat, le Corps législatif et le Conseil d'État.

C'est ensuite le pouvoir exécutif, à qui il appartient d'appliquer la loi, de la faire exécuter.

On peut diviser le pouvoir exécutif en trois branches distinctes :

Le gouvernement proprement dit, — l'autorité administrative, — l'autorité judiciaire.

L'autorité gouvernementale est remise, il est vrai, aux mêmes mains que l'autorité administrative suprême. Mais ce n'est pas une raison pour ne pas distinguer l'une de l'autre, et la distinction a des conséquences pratiques considérables au point de vue des recours contre les actes qui blesseraient les droits des citoyens.

Ainsi, le pouvoir exécutif fait œuvre de gouvernement quand il veille à la sûreté intérieure et extérieure de l'État, quand il entretient des relations avec les puissances étrangères, quand il dirige les forces de terre et de mer sur les points où leur présence paraît nécessaire, quand il fait la guerre ou la paix. Les relations avec les autres organes de la puissance publique, l'impulsion générale donnée aux agents de l'autorité administrative, sont aussi affaire de gouvernement.

L'autorité administrative, elle, a pour mission de pourvoir à la satisfaction des besoins collectifs des citoyens, et cela, de deux façons distinctes : tantôt à la façon d'un intendant, d'un homme d'affaires qui gère la fortune de son maître, qui recueille ses ressources, les applique aux dépenses et fait exécuter les travaux nécessaires pour l'entretien et l'amélioration du domaine ; tantôt à la façon du garde vigilant qui, par une police constante, empêche la détérioration des propriétés dont la surveillance lui est confiée.

Ainsi, c'est l'autorité administrative qui fait exécuter les travaux de construction des routes, des canaux, d'amélioration des rivières : voilà l'intendant.

C'est elle encore qui veille à la conservation des ouvrages publics et qui poursuit ceux qui les ont détériorés : voilà le garde, la police. Seulement, pour que la description soit complète, il faut ajouter que l'intendant des intérêts collectifs a un pouvoir de coercition, et le garde un pouvoir de règlement, ce qui leur donne une physionomie toute particulière.

Enfin, vient l'autorité judiciaire. On en a fait, dans plusieurs constitutions qui ont régi la France, un pouvoir distinct du pouvoir exécutif; mais, dans une monarchie, elle n'est, selon nous et selon la majorité des publicistes, au nombre desquels on peut compter de savants magistrats, qu'une branche du pouvoir chargé de faire exécuter la loi. Elle a pour mission d'appliquer la loi en cas de contestation entre les citoyens, ou de réprimer, en infligeant des peines, les actes par lesquels les citoyens ont violé les règles de conduite imposées par la loi.

Assurément, l'autorité judiciaire n'est pas rattachée au pouvoir exécutif dans les mêmes conditions que l'autorité administrative. Le pouvoir exécutif, après avoir nommé les juges, n'a plus d'action sur eux; du moins il ne peut leur dicter leur conduite, ni leur enlever leurs places sans qu'ils y consentent : c'est ce qu'on appelle l'inamovibilité. Mais le chef du pouvoir exécutif est représenté auprès des juges par des agents amovibles qui peuvent requérir l'exécution de la loi, et il est incontestablement, dans une organisation monarchique, le chef de l'administration et de la justice.

Tels sont les pouvoirs publics qui se trouvent nécessairement dans tout pays, qui sont plus ou moins distincts, selon la forme du gouvernement, qui ont des attributions plus ou moins étendues, mais dont l'existence est la conséquence forcée des besoins communs à tous les hommes réunis en société.

Dans quels monuments se trouve notre droit public? Il n'est pas besoin de vous le dire. Vous savez que, après une série de révolutions, suivies de constitutions plus ou moins différentes, dont la première, celle où l'on trouve à l'état natif les principes de 1789, est la constitution du 3 septembre 1791, la France est aujourd'hui régie par la constitution du 14 janvier 1852. Cette constitution a été modifiée par plusieurs sénatus-consultes, par exemple, ceux du 7 novembre et du 25 décembre 1852, qui ont rétabli la dignité impériale et réglé les conséquences de ce changement de régime politique. Elle l'a été, en outre, par le sénatus-consulte du 31 décembre 1861, relatif aux finances publiques. Elle a été complétée par divers décrets qui ont réglé les rapports du chef de l'État avec les grands corps de l'État, et de ces grands corps entre eux.

II. — Nous arrivons au droit administratif.

On le définit ordinairement l'ensemble des règles qui régissent les rapports de l'administration ou de l'autorité administrative avec les citoyens.

Je crois, Messieurs, cette définition insuffisante; et, bien que le vieil adage dise qu'il est dangereux de faire des définitions, j'en veux chercher une autre, parce que je crois qu'il est plus dangereux encore de laisser subsister des idées incomplètes.

Je préférerais dire, pour ma part : Le droit administratif détermine : 1° la constitution et les rapports des organes de la société chargés du soin des intérêts collectifs qui font l'objet de l'administration publique, c'est-à-dire des différentes personnifications de la société, dont l'État est la plus importante; 2° les rapports des autorités administratives avec les citoyens.

Vous me permettrez de justifier en quelques mots ma définition.

Celle que je vous indiquais en premier lieu, et que j'ai répétée longtemps lorsque je n'avais pas à enseigner moi-même, me paraît avoir l'inconvénient grave de ne pas comprendre, ou plutôt de paraître ne pas comprendre dans le droit administratif la constitution des divers organes institués pour satisfaire les besoins collectifs des citoyens, des personnes publiques, et les rapports de ces personnes publiques. Ces rapports, qui sont parfois assez compliqués, font essentiellement partie du droit administratif, aussi bien que les rapports des autorités administratives avec les particuliers.

Faute de mettre ce point de vue en relief dans la définition du droit administratif, on semble indiquer, ou du moins on laisse croire que la mission d'administrer est concentrée, comme la mission de gouverner, dans les mains des représentants de la société tout entière personnifiée dans l'Etat, et qu'en dehors de l'Etat il n'y a que des administrés.

Or, Messieurs, rien n'est moins juste que cette idée.

Dans la grande société composée de tous les Francais, à laquelle nous appartenons par cela seul que nous y sommes nés, il y a des sociétés du même genre qui n'embrassent qu'une partie de la nation, que les citoyens groupés dans certaines fractions du territoire, et qui ont leurs intérêts collectifs distincts des intérêts collectifs de la nation.

Pour mieux distinguer ces intérêts, la législation les a personnifiés. De chaque groupe de citoyens, elle forme une personne ayant sa vie propre comme un individu, ses propriétés, ses ressources particulières.

Ainsi, l'État ne représente et ses agents ne gèrent que les intérêts généraux.

Au-dessous de lui, certaines fractions du territoire, formées soit par la volonté du législateur, soit par l'agglomération naturelle des citoyens sur les mêmes points, je veux parler des départements et des communes, ont des intérêts propres, à la gestion desquels il est pourvu par des autorités particulières, dont on attend plus de lumières et plus de vigilance que des représentants de l'État.

Certains intérêts spéciaux ont été également personnifiés

dans le même but. Ainsi, pour les services du culte, de la bienfaisance, de l'instruction, il existe des organes spéciaux qu'on appelle des établissements publics.

Qu'il y ait un lien entre les intérêts généraux et les intérêts locaux et spéciaux, cela est certain et cela est indispensable dans l'état actuel de la France : je vous l'expliquerai bientôt. Mais les départements, les communes et les établissements publics ne sont pas pour cela des administrés, ce sont des administrations publiques ; et j'ai cru qu'il était utile de faire ressortir dans la définition du droit administratif cette notion fondamentale, qui a beaucoup de conséquences pratiques, par exemple, en matière de travaux publics.

Par la définition que je vous donne du droit administratif, vous apercevez qu'il ne forme pas toute la science nécessaire à l'administrateur, toute la science administrative.

Cette science comprend, en effet, les notions historiques, économiques, statistiques, techniques, qui ne rentrent pas dans le droit et les procédés à employer pour satisfaire les besoins des citoyens, en tant que ces procédés ne touchent pas aux droits des particuliers.

Elle comprend, de plus, les règles des rapports intérieurs des fonctionnaires qui font partie de l'autorité administrative.

Ainsi, l'obligation qui vous est imposée de tenir note des faits qui entraînent une dépense à la charge de l'État et les règles de la comptabilité administrative ne rentrent pas dans le droit administratif proprement dit.

Les rapports hiérarchiques des divers membres du corps des ponts et chaussées n'y rentrent pas davantage.

Bien que ces conférences aient principalement pour objet de vous enseigner le droit administratif, j'aurai le devoir de faire assez souvent des excursions dans le domaine de la science administrative.

Mais, en ce moment, il faut bien préciser le domaine du droit administratif.

On le divise habituellement en deux parties : l'organisation administrative, c'est-à-dire, pour employer un mot qui vous est familier, la description de la machine administrative, et, en second lieu, les matières à l'occasion desquelles s'exerce l'action de l'administration, la description de l'usage de la machine et des résultats qu'elle produit.

L'organisation administrative peut être étudiée à deux points de vue différents.

Il faut voir, d'un côté, la constitution des organes de l'administration : Etat, départements, communes et établissements publics ; les rapports qu'ils ont entre eux, le système établi pour les liens des intérêts généraux avec les intérêts locaux. Ce système s'appelle habituellement la tutelle administrative. Je ne peux m'empêcher de regretter qu'on l'ait appelé ainsi ; car le mot ne donne pas une idée exacte d'une institution établie au moins autant pour la défense des intérêts généraux que pour la protection et la tutelle des intérêts locaux, et il a soulevé des réclamations, quelquefois même des déclamations, fondées sur la dignité de l'homme, qui n'est nullement engagée dans la question. Nous reviendrons sur ce point (1).

Il faut voir, d'un autre côté, la constitution et les pouvoirs des autorités établies pour représenter les différents or-

---

(1) Voir à l'*Appendice* un fragment de conférence sur la centralisation et le système connu sous le nom de tutelle administrative.

ganes des intérêts collectifs : l'Empereur; les ministres; les préfets, sous-préfets, maires; les conseils qui éclairent ou contrôlent ces autorités; les agents qui préparent ou exécutent leurs décisions; il faut voir leurs divers modes d'action, soit lorsqu'ils prennent l'initiative de l'application des lois, soit lorsqu'ils statuent sur les réclamations que les actes d'administration ont soulevées.

Je ne veux pas effleurer ici toutes ces questions, il me suffit de les indiquer.

Mais il est bon de préciser l'objet de l'administration publique.

Il y a des économistes qui ont prétendu réduire le rôle légitime de la société et de ses organes au soin de la sécurité publique, et qui lui interdisent de prendre d'autres mesures que celles qui touchent à la défense du territoire national et à la tranquillité intérieure de l'Etat. Organiser et employer l'armée et la police, instituer la justice, voilà dans quelles limites la puissance sociale devrait exclusivement se mouvoir.

Messieurs, il n'y a pas de pays où l'on ait consenti à ne pas tirer un parti plus avantageux de cette immense force qui s'appelle la société, représentée par la puissance publique.

Partout, dans des mesures diverses, il est vrai, on a admis qu'il est de l'essence de la société de pourvoir à la satisfaction des besoins collectifs qu'éprouvent ses membres, et que l'initiative des individus ou des associations de particuliers ne pourrait satisfaire d'une manière suffisante.

Partout on a constitué des services publics généraux ou locaux, dont l'étendue et le nombre varient suivant les mœurs, le génie propre des peuples, les traditions et les temps.

Dans les Etats démocratiques, ainsi que l'a justement fait observer le regrettable M. de Tocqueville, la tâche ainsi imposée à la société, tend même constamment à s'étendre (1). Et cela se comprend, en effet, parce que le seul moyen qu'ait la masse des citoyens de se procurer des jouissances que leur bourse privée ne suffirait pas à payer, c'est d'en mettre le payement à la charge de la bourse commune.

Il ne faut pas assurément aller trop loin dans cette voie; elle conduirait au socialisme, c'est-à-dire à ce système dans lequel l'Etat absorbe le citoyen en l'exonérant du soin de sa destinée.

La société est faite pour l'individu, et il faut qu'elle laisse toujours subsister les droits et les devoirs de l'individu, pour lui laisser sa valeur.

Mais en restant dans de justes limites, la société peut ne pas se borner à empêcher le mal, elle peut et elle doit coopérer au progrès.

Telle est la tradition française. Vous l'avez vu dans le rapide résumé de l'histoire des travaux publics que je vous ai présenté au début de cette leçon.

Quels sont, Messieurs, les objets sur lesquels s'exerce cette action des organes de l'administration publique?

Comment classe-t-on les matières à l'occasion desquelles les intérêts collectifs et les droits privés se trouvent en rapport?

Ici, Messieurs, j'éprouve un certain embarras.

---

(1) *De la démocratie en Amérique*, ch. XIII.

Il n'existe pas de classification officielle des matières du droit administratif. Et chacun des auteurs assez nombreux qui ont écrit sur ce sujet s'est créé un plan particulier pour cette exposition. Un des fondateurs de la science, M. de Gérando, a même abandonné, dans une seconde édition de ses Instituts de droit administratif, le plan qu'il avait adopté dans la première.

Je me garderai bien de chercher à vous donner une idée de chacun de ces plans, des différences qui s'y remarquent, des inconvénients qu'ils peuvent présenter. Mais j'ai tenu à vous signaler le fait pour justifier l'obligation où je me suis trouvé de chercher un plan qui eût le moins possible d'inconvénients.

Ce qui m'a préoccupé avant tout, c'est de trouver une division qui, en s'écartant de l'ordre alphabétique et en ayant un certain caractère scientifique, permît d'exposer, autant que possible, dans leur ensemble, les règles relatives à chacun des services publics.

Du reste, je n'attache pas une importance capitale à une division de ce genre, parce que, en fin de compte, on arrive tout au plus à former quelques groupes, et, dans l'intérieur de chacun de ces groupes, on est obligé de suivre l'ordre alphabétique ou un ordre arbitraire.

Après y avoir beaucoup réfléchi, et en combinant plusieurs des idées qui ont servi de base aux autres plans, dont je n'ai pu adopter aucun dans son entier, je crois qu'on peut grouper sous deux grandes divisions les matières administratives, en prenant pour point de départ le rôle que remplit l'autorité administrative pour chacune d'elles.

L'autorité administrative a deux rôles.

Elle fait des actes de gestion dans l'intérêt public; elle joue le rôle d'intendant général, d'homme d'affaires de la société, mais d'intendant ayant autorité.

Elle fait des actes de police, dans le sens large et élevé du mot, des actes de prévoyance, de surveillance, pour empêcher le mal et procurer le bien-être des membres de la société.

Au premier rang de ces actes de gestion, d'intendance, se place la création et l'administration des ressources nécessaires à l'existence de la société.

Une société ne peut pas vivre sans une force publique, chargée de protéger ses membres contre les attaques venues de l'extérieur ou les troubles venus de l'intérieur. Ici se place l'organisation de l'armée de terre et de mer, et des institutions accessoires.

Une société ne peut pas vivre sans un trésor public, fournissant au payement des dépenses communes. A cet effet, l'administration, agissant sous l'impulsion du législateur, répartit et recouvre les divers impôts, les prélèvements effectués sur la bourse des particuliers, pour former la bourse commune.

Elle fait valoir le domaine de l'Etat, des départements, des communes, notamment les forêts, et se procure ainsi des ressources accessoires aux contributions publiques.

Elle paye les dépenses publiques. Ici se placent les règles relatives aux créances et aux dettes de l'Etat, des départements, des communes, aux services financiers, à la comptabilité publique.

Voilà un premier ordre d'actes de gestion. Créer, recueillir et administrer les ressources, en hommes et en argent, nécessaires à l'existence de la société.

Vient ensuite une seconde série d'actes de gestion, qui consiste dans l'emploi des ressources pour la satisfaction des besoins collectifs des citoyens.

Il y en a de plusieurs sortes.

I. L'autorité administrative offre aux citoyens les moyens de satisfaire leurs besoins intellectuels et moraux par les services publics du culte et de l'instruction publique.

II. Elle leur offre les moyens de satisfaire leurs besoins économiques et de pourvoir aux nécessités de la vie physique en général, et cela de plusieurs manières.

D'abord en exécutant des travaux publics de diverses sortes :

En premier lieu, les travaux confiés à l'administration des ponts et chaussées, et qui ont pour principal objet la circulation publique : routes, chemins de fer, canaux, etc. ;

Les bâtiments nécessaires pour l'installation des services civils, de la justice, des bureaux des administrations ;

Les constructions militaires et maritimes, fortifications, casernes, arsenaux, vaisseaux, etc.

L'administration fait encore un acte de gestion du même ordre en passant des marchés avec des fournisseurs pour l'acquisition des objets destinés à être consommés ou transformés dans les divers services publics.

C'est encore dans la même catégorie que se placent les services publics organisés pour soulager les misères de toute sorte qui affligent l'humanité : hospices, hôpitaux, asiles d'aliénés, bureaux de bienfaisance.

Voilà la première branche des matières administratives.

La seconde branche se compose des matières où l'administration fait acte de police, de prévoyance, de surveillance.

Ici, les subdivisions sont très-nombreuses.

En premier lieu la surveillance des choses de l'ordre moral : police des cultes, de l'instruction publique, des théâtres.

2° La surveillance relative aux objets dont les membres de la société ont la jouissance commune : les routes et chemins de toute espèce, les cours d'eau navigables, les cours d'eau non navigables ni flottables.

3° La police relative aux objets qui intéressent la défense nationale, ce qui comprend le régime de la zone frontière et les servitudes imposées aux propriétaires dans un certain rayon autour des places de guerre.

4° La police relative à la santé publique, qui impose à l'administration une si grave responsabilité et lui procure tant d'occasions de déployer son zèle et son dévouement.

5° Les mesures prises dans l'intérêt de l'approvisionnement des populations, ce qui concerne les foires et marchés.

6° Les mesures prises au sujet de l'agriculture et de l'industrie, soit pour les protéger et les encourager : régime des douanes, comices agricoles, concours, régime spécial des mines ; soit pour empêcher les dangers ou les inconvénients qu'elles pourraient entraîner : régime des ateliers insalubres, des machines à vapeur.

7° La surveillance des établissements formés dans un but financier et économique : sociétés anonymes, banques, comptoirs d'escompte, tontines, sociétés de prévoyance.

Enfin les mesures relatives au maintien de l'ordre dans les lieux publics et celles qui sont prises en vue de la sûreté publique, notamment ce qui touche à la fabrication des armes.

Voilà, Messieurs, une indication sommaire des matières comprises dans le droit administratif.

N'y a-t-il rien à retrancher parmi les attributions de l'autorité administrative? N'y a-t-il rien à modifier dans les formes qu'elle suit pour les exercer?

Ce sont des questions fort agitées de nos jours. Elles sont tout à fait distinctes de celles qui touchent au système appelé tutelle administrative, avec lesquelles on les confond souvent dans le langage assez peu exact de la polémique quotidienne; car les autorités chargées du soin des intérêts locaux ont des pouvoirs de gestion et de police aussi bien que les autorités chargées des intérêts généraux.

On demande ordinairement que l'État intervienne le moins possible dans les affaires d'intérêt collectif par voie de gestion et qu'il laisse à l'initiative de l'industrie privée, soit la direction, soit au moins l'exécution des ouvrages et l'exploitation des services destinés au public, sauf à encourager, dans certains cas, l'initiative privée par des subventions.

On demande que le pouvoir répressif soit substitué autant que possible au pouvoir préventif.

Messieurs, ces tendances sont celles du gouvernement. Il les a manifestées dans de nombreuses occasions.

Quand il s'est agi de la création, de l'exécution des chemins de fer, il a eu recours à l'initiative privée, et ne s'est chargé que des travaux qui dépassaient les forces des compagnies d'après leur propre aveu.

Il a fait de même pour la création des grands services de navigation maritime destinés à relier la France avec les extrémités de l'univers.

Le régime établi pour la protection de l'industrie et de l'agriculture a été radicalement modifié.

Le système répressif a été, dans certains cas, substitué au régime préventif, par exemple, pour une partie des règles relatives aux machines à vapeur.

Mais, Messieurs, il y a là une question de mesure, et l'on ne peut pas poser à cet égard des règles absolues.

Le régime préventif est souvent nécessaire pour empêcher des dommages qu'il serait difficile et parfois même impossible de réparer.

Ainsi j'aime mieux, pour ma part, voir les propriétaires de bateaux à vapeur assujettis à faire éprouver et visiter leurs machines avant le départ du bateau que d'être exposé à périr par suite d'une explosion, en laissant à mes héritiers le droit de réclamer des dommages-intérêts et au ministère public le soin de poursuivre et de faire condamner le capitaine.

Et, n'est-ce pas, Messieurs, un titre d'honneur pour notre gouvernement aux yeux de l'Europe entière d'avoir provoqué une entente entre les diverses puissances pour chercher à éviter, par des mesures préventives prises en Orient, la création de ces foyers pestilentiels d'où est parti le redoutable fléau qui a jeté le deuil dans un trop grand nombre de familles ?

Quoi qu'il en soit de cette question, que je n'ai pas la prétention d'épuiser en quelques mots, le caractère dominant du droit administratif, c'est que l'intérêt public fait imposer à l'intérêt privé une série de sacrifices.

Cela est dans la nature des choses. L'ordre public ne peut subsister si chacun ne se soumet à des restrictions de sa liberté individuelle. La bourse commune ne peut s'alimenter que par un prélèvement sur la bourse de chaque citoyen.

De plus, pour la défense nationale, pour les travaux publics, pour la régularisation des voies publiques, la loi impose aux citoyens des obligations, des servitudes; par exemple, l'obligation de céder sa propriété ou de souffrir une diminution de jouissance, tantôt avec indemnité, tantôt sans indemnité.

Sans doute, avec le progrès de notre civilisation, ces charges s'atténuent.

Non pas qu'il faille admettre que, depuis 1789, il s'est opéré un changement radical dans les habitudes de l'administration, et que ce soit seulement de cette époque fameuse que date en France la justice. Il ne faut pas dire, Messieurs, comme on l'a trop répété, en s'autorisant de faits spéciaux à certaines localités, qu'avant 1789, l'expropriation en vue des travaux publics s'accomplissait sans indemnité. Le principe de la nécessité d'une indemnité était proclamé dans de nombreux arrêts du Conseil du roi, et il était souvent appliqué. Seulement, dans la pratique, spécialement pour les routes, le principe ne recevait qu'une application restreinte, et, dans quelques provinces, les propriétaires n'étaient pas indemnisés, faute de ressources (1).

Aujourd'hui, les propriétaires ont plus de garanties. Mais les charges imposées dans l'intérêt public sont encore nombreuses et parfois très-sensibles. Je ne doute pas que le législateur ne soit amené à modifier plusieurs parties de cette législation.

Après avoir vu l'objet et le caractère du droit administratif, il nous reste à voir dans quels monuments il est renfermé.

---

(1) M. Vignon, *Histoire des voies publiques en France*, t. II, p. 56, 63, 181 et 183.

Pour la plupart des branches de la législation, il existe des collections de lois émanées du législateur lui-même, dans lesquelles l'ensemble des règles d'une matière se trouve classé méthodiquement : c'est ce qu'on appelle un code.

Sous l'ancienne monarchie, nous avons eu des codes qui embrassaient un certain nombre de matières. Charlemagne a fait ses Capitulaires, Saint-Louis, ses Établissements. Sous Louis XIV, plusieurs ordonnances ont posé un ensemble de règles sur la procédure, les eaux et forêts, la marine. Au commencement de ce siècle, un vaste travail de révision et de refonte de la législation a été entrepris sous l'impulsion toute-puissante de Napoléon Ier, qui, lorsqu'il était premier consul, avait pris lui-même à ces travaux une large part, et qui avait étonné les jurisconsultes qui l'entouraient par ce développement inattendu de son génie.

Il a été fait ainsi un certain nombre de codes sur les matières du droit privé et du droit pénal, que je vous signalerai quand nous aborderons ces différentes branches du droit.

Il n'existe pas de code administratif. Des raisons de diverses natures ont fait obstacle à l'accomplissement de cette grande œuvre.

La multiplicité des matières qu'embrasse le droit administratif, le grand nombre de principes qui seraient remis en question, la variété des aspects sous lesquels s'exerce l'action de l'administration, la mobilité des règles qui doivent être appropriées aux progrès de la civilisation et aux principes qui prévalent dans le gouvernement de la société, la diversité même des sources du droit administratif, tous ces caractères, qui sont propres à cette branche du droit, ont entravé jusqu'ici et me paraissent devoir entraver long-temps encore une codification générale.

Seulement, j'incline à croire qu'il serait possible, et assurément il serait utile, de faire, dans des formes spéciales, une sorte de codification des règles qui régissent certains services publics pour lesquels les principes sont bien arrêtés.

Je ne crois pas qu'il fût prudent de recourir au législateur, si ce n'est dans le cas où des modifications paraîtraient nécessaires. L'étendue de l'œuvre suffirait pour en retarder indéfiniment l'exécution. Il ne me paraîtrait pas conforme aux principes de placer ce travail de collection sous la signature de l'Empereur, qui ne doit faire que des actes d'autorité dans la limite de son pouvoir propre. La forme d'une instruction ministérielle me paraîtrait beaucoup mieux appropriée à la nature de ce travail, qui, sans dispenser complétement de vérifier les textes dans les actes officiels, aurait encore, pour l'étude et la pratique des affaires, une véritable utilité, et qui pourrait préparer les voies à une codification législative.

Mais, à défaut d'une collection de lois émanée du législateur, nous avons des lois isolées qui établissent les règles fondamentales du droit administratif. Ces lois sont très-nombreuses, très-variées. Nous remontons souvent à des actes datés de 1789 et 1790, de l'an viii, de l'an xi. (Vous connaissez le calendrier républicain : il sera bon de le revoir parce que, dans l'usage, tous les actes des pouvoirs publics, compris entre le mois de septembre 1792 et le mois de janvier 1806, sont désignés par les dates du calendrier républicain.)

Nous remontons même souvent au delà de 1789. Certains actes du souverain, qui, à cette époque, concentrait en fait, sinon en droit, tous les pouvoirs, notamment des édits et ordonnances sur la voirie, sont restés provisoirement en vigueur, et le provisoire dure encore.

Cela m'amènera nécessairement à vous donner quelques indications sur la constitution de l'administration avant 1789 et sur les diverses modifications qu'a subies l'organisation de l'autorité administrative depuis cette époque.

A ces lois modernes, à ces actes du pouvoir souverain antérieurs à 1789, il faut joindre les règlements émanés du chef de l'État, du chef du pouvoir exécutif, des règlements, et des instructions dites circulaires, des ministres placés à la tête de chacun des services administratifs, des règlements de certains agents de l'administration placés sous l'autorité des ministres.

Je ne puis vous donner ici qu'une indication. Vous verrez plus tard la valeur de ces différents actes.

Il faut encore y ajouter d'anciens usages en certaines matières spéciales. Ainsi, pour le curage des cours d'eau non navigables ni flottables, pour le pavage des rues des villes, la répartition des dépenses est parfois régie par d'anciens usages.

Mais ce n'est pas seulement dans la loi, les règlements, les usages, qu'il faut chercher les règles du droit administratif. Il faut les chercher aussi assez souvent dans le commentaire qu'ont donné de ces lois les autorités chargées de statuer sur les difficultés auxquelles donne lieu leur application. Là série de ces décisions s'appelle la jurisprudence. Les traditions de la jurisprudence n'ont pas assurément en droit la même autorité que la loi. Mais en fait, quand les juges ont pris l'habitude de trancher une question dans tel ou tel sens, il y a beaucoup de chances pour que, si la question leur est de nouveau soumise, ils donnent la même solution.

Aussi, je serai fréquemment amené à vous citer, soit les décisions du Conseil d'État, qui est la juridiction administrative suprême, soit les arrêts de la Cour de cassation, qui est placée au sommet de la hiérarchie des autorités judiciaires. On pourrait même dire que la jurisprudence du Conseil d'État a plus d'importance encore que celle de la Cour de cassation, parce que, dans certaines branches du droit administratif, la législation est si incomplète que la jurisprudence a dû, en quelque sorte, faire la loi, au lieu de se borner à l'appliquer et à l'interpréter.

Où trouverez-vous, Messieurs, les divers actes que je viens de vous énumérer ?

Pour les actes antérieurs à 1789, ils se trouvent dans plusieurs collections non officielles, dont quelques-unes sont accompagnées de notes instructives.

Quant aux actes postérieurs à 1789, il faut distinguer.

Les lois sont renfermées dans une très-volumineuse collection officielle par ordre chronologique, intitulée *Bulletin des lois*, qui a commencé en l'an II (1793), qui s'est poursuivie jusqu'à nos jours et se grossit sans cesse.

Les décrets et actes du chef de l'État, qui ont un intérêt général, et même un certain nombre de ceux qui n'ont qu'un intérêt local ou particulier, y sont également insérés. Depuis 1832, on publie dans des volumes séparés les décrets qui n'ont qu'un intérêt local ou particulier.

A cette collection, il faut joindre les collections officielles ou semi-officielles des lois votées depuis 1789 jusqu'à l'an II.

On peut y suppléer par des collections plus maniables

qu'ont faites des jurisconsultes ou de simples légistes (tous ceux qui s'occupent de lois ne méritent pas pour cela le titre de jurisconsulte), collections qui ont l'avantage de contenir, en outre du texte des lois, des notes résumant les discussions législatives. Mais, bien entendu, le texte du *Bulletin des lois* a seul un caractère authentique.

Quant aux instructions ministérielles, pour certains ministères, il existe des recueils officiels. Il n'y a pas de recueil officiel pour l'ensemble des instructions du ministre des travaux publics ; mais celles qui vous intéressent spécialement sont reproduites dans le recueil intitulé *Annales des ponts et chaussées*, que vous connaissez bien. Vous pouvez trouver la collection à peu près complète de ces instructions, en même temps que celle des lois et décrets relatifs au service des ponts et chaussées, dans des compilations publiées à l'usage des ingénieurs par MM. Ravinet et Potiquet.

Enfin, les décisions du Conseil d'État sont publiées dans divers recueils de jurisprudence. Le meilleur et le plus complet est un recueil spécial commencé en 1821 par M. Macarel, l'un des fondateurs de la science du droit administratif, et qui porte le nom de *Recueil des arrêts du Conseil d'État*. Il y a quelques autres collections qui donnent les décisions rendues de l'an VIII à 1821. Les *Annales des ponts et chaussées* reproduisent aussi, depuis un certain nombre d'années, les arrêts du Conseil qui touchent à votre service.

J'ai fini ce qui concerne le droit administratif.

Droit pénal. III. — Je dois maintenant vous entretenir en quelques mots du droit pénal.

Pourquoi en ai-je fait une branche du droit public.

dans le sens large de ce mot, par opposition au droit privé ? C'est que cette législation met toujours en présence non pas deux individus, mais un individu coupable d'une infraction à la loi, et la puissance publique, qui, pour assurer la conservation de la société et pour réparer le dommage que le coupable lui a causé en troublant l'ordre et la sécurité publique, lui inflige une punition.

Mais il faut observer que le droit pénal contient aussi bien la sanction des rapports entre particuliers que celle des rapports entre l'individu et la société, et qu'on y trouve des châtiments édictés pour les crimes et délits contre les particuliers à côté des châtiments pour les crimes et délits contre la chose publique.

Quand nous traiterons de la répression de certaines infractions aux lois et règlements sur la voirie, j'aurai soin d'insister sur les différentes qualifications des actes coupables : crimes, délits et contraventions, et sur les conséquences du caractère attaché par la loi à ces différents actes, non-seulement au point de vue des juridictions appelées à en connaître et des peines qu'elles entraînent, mais aussi au point de vue de la culpabilité.

La législation pénale est principalement contenue dans deux codes rédigés, l'un en 1808, l'autre en 1810. Le premier s'appelle Code d'instruction criminelle, le second Code pénal. Ces deux titres vous font comprendre ce que renferme chacun de ces deux codes.

Notre législation pénale a été fréquemment remaniée depuis la Révolution. Déjà les codes édictés en 1791 et en l'an IV avaient réalisé de grands progrès sur la législation incohérente et souvent barbare qui régissait la France avant la Révolution, et qui laissait fréquemment les peines à l'arbitraire du juge. Mais on était alors tombé dans un excès opposé.

Les codes de 1808 et de 1810 avaient cherché à donner des garanties à la société. En 1832 on les a modifiés pour adoucir les peines. L'une des plus graves innovations de la réforme accomplie en 1832 consiste dans le droit conféré au jury d'admettre des circonstances atténuantes pour les crimes dont il reconnaît l'existence, ce qui entraîne une diminution de la peine fixée par le législateur.

Depuis plusieurs années, des modifications assez graves ont été apportées, soit au Code pénal, soit au Code d'instruction criminelle. Le gouvernement cherche sans cesse les moyens de concilier la répression des actes qui troublent la paix sociale avec les exigences de l'humanité.

Mais ce n'est pas exclusivement dans le Code d'instruction criminelle et dans le Code pénal ainsi remaniés que vous trouverez la législation pénale.

D'abord, il y a des codes spéciaux de justice militaire pour l'armée de terre et pour l'armée de mer qui datent de 1856, et qui contiennent un mode d'instruction et de jugement particulier et des pénalités spéciales.

Puis, diverses lois modernes, en prescrivant certaines mesures, y ont joint des pénalités. Par exemple la loi du 30 mai 1851 sur la police du roulage et des messageries publiques, les lois du 27 mars 1851 et du 5 mai 1855 sur la falsification des denrées alimentaires et des boissons; le décret, ayant force de loi, du 2 février 1852 sur les élections au Corps législatif.

De plus, les anciens règlements antérieurs à 1789 relatifs à certaines branches des services publics et qui sont encore en vigueur, ainsi que je vous l'ai indiqué,

contiennent aussi des dispositions pénales. Et ces dispositions reçoivent toujours leur application, sauf certains
correctifs qui les ont mis en harmonie avec la législation
moderne, en supprimant les peines arbitraires, abandonnées à l'appréciation du juge.

Ici se termine ce que j'avais à vous dire du droit pénal,
la troisième branche du droit public.

§ III.

J'aborde maintenant le droit privé.

Je l'ai défini : l'ensemble des règles qui régissent les
rapports des particuliers entre eux.

I. Quel est l'objet des règles du droit privé? Vous le
connaissez vaguement par bien des circonstances diverses
de votre vie.

Il est essentiel tout d'abord de déterminer la condition
des personnes qui doivent entrer en relations.

Cela comprend un série de règles assez variées. Il faut
indiquer les facultés dont les personnes ont la jouissance
ou l'exercice, et qui varient en raison de la nationalité, de
l'âge, du sexe, de l'état plus ou moins sain de l'esprit et
de peines encourues; — fixer la manière dont se consta-
teront les événements qui entraînent la modification de
l'état des personnes, notamment leur entrée dans la vie et
leur départ de ce monde, les naissances et les décès; —
indiquer le lieu où l'on sera certain de trouver une personne pour les relations juridiques que l'on aura avec elle;
— régler les conditions de la constitution et de l'existence
de la famille, cette petite société qui est la base de la grande,

ainsi que les moyens d'établir l'origine et la situation légale des enfants; — enfin, pourvoir à la gestion des biens des personnes qui, à raison de leur âge, de leur sexe, ou de l'infirmité de leur esprit, ne sont pas en état de les administrer elles-mêmes.

Voilà une première partie du droit privé; elle touche, pour employer le langage juridique, à la jouissance des droits civils, à l'état civil, au domicile, au mariage, à la paternité, à la filiation, à la tutelle des mineurs et des incapables.

Puis il faut définir et caractériser les choses qui sont l'occasion des rapports des hommes entre eux; préciser la nature des différents droits que l'homme peut exercer sur les choses, le droit de propriété, ses conséquences et ses modifications. La propriété, c'est, je vous l'ai dit, la faculté de jouir et disposer des choses de la manière la plus absolue, pourvu qu'on n'en fasse pas un usage prohibé par la loi ou par les règlements. Les modifications ou démembrements de la propriété, c'est-à-dire l'usufruit qui sépare pour un temps la propriété de la jouissance; l'usage, autre mode de participation à la jouissance; les servitudes, charges qui grèvent un immeuble pour l'utilité d'un autre immeuble, par exemple, le droit d'écoulement des eaux, le droit de vue, le droit de passage.

Ensuite, il y a lieu de régler les différentes manières dont les hommes peuvent acquérir des droits sur les choses ainsi définies.

En premier lieu, la transmission à titre gratuit pendant la vie ou après la mort; c'est-à-dire les donations entre-vifs ou testamentaires et les successions entre parents.

En deuxième lieu, les diverses obligations par lesquelles

les hommes peuvent se lier volontairement ou involontairement, et notamment les contrats dont tout le monde sait les noms et comprend la portée : contrat de mariage, vente, échange, louage, société, prêt, mandat.

En troisième lieu, les garanties diverses de l'exécution des obligations, conférées tantôt par la loi, tantôt par les contractants, qui s'appellent le cautionnement, le nantissement, le privilége et l'hypothèque. Elles permettent au créancier, dans le cas où son débiteur ne remplit pas ses engagements, soit de s'adresser à celui qui s'est engagé subsidiairement et qui a répondu pour le débiteur, soit de se faire payer au moyen du gage qui est entre ses mains, soit d'obtenir la totalité ou une partie du prix des biens de son débiteur.

En quatrième lieu, la prescription, ce moyen de suppléer à tous les titres d'acquisition et à toutes les quittances de libération par un certain laps de temps écoulé dans des conditions déterminées.

Ce n'est pas tout: il est nécessaire que le législateur détermine les moyens de faire valoir son droit en cas de contestation; la marche à suivre pour obtenir les jugements de l'autorité compétente et pour les faire exécuter, ce qu'on appelle la procédure ou les actions.

Tel est, en quelques mots, l'objet du droit privé : les personnes, les choses dans leurs rapports avec les personnes, les moyens d'acquérir la propriété et les actions.

Seulement, dans la pratique, ce n'est pas sous le nom de droit privé que vous retrouverez ces différentes règles. On a fait une série de subdivisions que je dois vous indiquer.

L'ensemble des règles générales du droit privé, les rè-

Droit civil.

gles relatives aux personnes, aux choses et aux moyens d'acquérir la propriété sont connues sous le nom de *droit civil*. Il est incontestable que le mot est mal fait. Ces mots droit civil, législation civile, ont eu successivement beaucoup de sens différents. Le mot droit civil, droit des citoyens, était opposé primitivement à droit des gens, droit des étrangers. Il a été plus tard opposé à droit ecclésiastique, puis à droit criminel; il l'est encore à droit politique.

Aujourd'hui, le droit civil proprement dit, c'est l'ensemble des règles générales du droit privé. Tout en critiquant l'usage, force nous est de le suivre.

Droit commercial. D'autre part, le législateur a établi des règles spéciales pour les contrats auxquels donnent lieu les opérations commerciales sur terre et sur mer, et pour la liquidation des dettes des commerçants, qui cessent leurs payements et se trouvent en état de faillite. Le commerce ne peut se développer sans le crédit, et la première condition du crédit est la réalisation facile des créances. C'est ce qui a conduit à établir des règles spéciales en pareil cas. Toutes ces règles composent une partie du droit privé, qui s'appelle droit commercial.

Procédure civile. Enfin, les règles relatives aux actions, aux moyens de faire reconnaître et consacrer son droit en cas de contestation, s'appellent procédure civile; il y a un petit nombre de règles propres à la procédure commerciale.

Voilà la table des matières du droit privé.

Caractère et monuments du droit privé. II. Quel est le caractère de cette branche du droit, et quels sont les monuments qui le renferment?

Ces deux questions se tiennent étroitement, et doivent se traiter ensemble.

Avant 1789, la France ne possédait pas, pour le droit privé, cette législation uniforme qui est une des conditions essentielles de l'unité nationale.

Il existait bien, sur certaines matières, des ordonnances du Roi qui étaient applicables à toutes les parties de la France, à la condition toutefois qu'elles eussent été enregistrées par les différents Parlements, chacun dans son ressort. Mais sur le plus grand nombre des questions, il n'y avait d'uniforme que la diversité des règles. Certains pays étaient régis par des coutumes fort différentes les unes des autres. Il y avait environ 60 coutumes générales applicables à des provinces ou à des parties de provinces, et plus de 300 coutumes locales applicables à des villes, à des bourgs, à des hameaux isolés. Le *Coutumier général* qui en renferme la collection forme quatre énormes volumes in-folio.

Dans d'autres pays, surtout ceux du midi de la France, on suivait les règles du droit romain qui étaient également consultées dans les pays du Nord en cas de silence de la coutume.

Le besoin d'une législation uniforme était très-vivement senti, et il fut d'autant plus reconnu au moment de la Révolution, que les nouvelles idées de liberté et d'égalité amenèrent dans les règles du droit privé concernant le mariage, l'état des enfants, la transmission des patrimoines, des principes en contradiction manifeste avec le droit ancien.

Aussi l'Assemblée constituante avait-elle décrété, dans la constitution du 3 septembre 1791, qu'il serait fait un code de lois civiles communes à tout le royaume.

Le vœu de la Constituante, qui était aussi celui de la Convention, n'a pu être réalisé que sous le Consulat.

Après de longs travaux préparatoires, le Corps législatif vota, en l'an XI et l'an XII (1803 et 1804), une série de lois qui furent réunies et classées par une loi du 30 ventôse an XII, en un un seul corps, sous le titre de Code civil des Français. Ce code contient 2281 articles.

En 1807, le Code civil avait pris le nom de Code Napoléon. C'était un juste hommage rendu à l'étonnante activité d'esprit et à la merveilleuse sûreté de vues avec laquelle Napoléon Ier, au milieu des difficultés du gouvernement d'une société où tout était à réorganiser, avait dirigé lui-même un grand nombre des discussions du Conseil d'État et fait trancher les questions les plus importantes.

Le gouvernement de la Restauration n'avait pu laisser subsister ce témoignage de la gloire la plus durable de l'Empereur. Un décret du 27 mars 1852 a rendu au Code civil le titre qui lui avait été légitimement donné en 1807.

Quant à l'esprit du Code civil, du Code Napoléon, c'est avant tout l'esprit de la Révolution française : la suppression des charges, des servitudes que le régime féodal faisait peser sur les personnes et sur les propriétés, l'établissement de l'égalité des partages dans les successions. Mais sur tous les points dans lesquels ces principes n'étaient pas engagés, on a fait d'heureux emprunts, soit aux anciennes coutumes, soit au droit romain, soit aux ordonnances royales d'avant 1789.

Il faut d'ailleurs ajouter que, sur divers points, le Code Napoléon a été modifié par des lois postérieures en assez grand nombre. Une des plus importantes est celle du 8 mai 1816, qui abolit le divorce.

A côté du Code Napoléon, vient se placer le Code de procédure civile, qui a été voté en 1806. Ce code a également subi des modifications postérieures ; quelques-unes sont toutes récentes. Mais l'ordre des articles a été respecté et les nouvelles lois s'y intercalent sans changer le caractère de l'œuvre.

Dans le Code de procédure civile, on a cherché à procurer, autant que possible, aux parties les garanties du respect de leur droit, sans rendre trop onéreuses les formalités à suivre. On n'a peut-être pas réussi complétement à atteindre ce but. De nouvelles réformes s'étudient en ce moment.

Quant au Code de commerce, il a été voté en 1807, et il a été modifié assez gravement par des lois subséquentes. Un projet de loi, actuellement soumis au Corps législatif, y apporterait de nouvelles modifications.

Il y a encore, en dehors de ces codes, des lois assez nombreuses qui posent des règles qu'on doit faire rentrer dans le droit privé, par exemple, les lois qui régissent le droit qu'on appelle propriété littéraire, les dispositions du Code forestier sur les droits d'usage dans les forêts des particuliers, quelques dispositions d'une loi des 28 septembre-6 octobre 1791, dite Code rural, qui régissent les rapports des cultivateurs. Enfin, et par une exception assez restreinte aux principes de l'unité de législation, certains usages locaux sur des points de détail ont été laissés en vigueur d'une manière expresse par le Code Napoléon.

Je vous ai dit, en outre, au sujet du droit administratif, que la législation trouve un commentaire et un complément dans les décisions de la justice, et qu'à côté des recueils de lois, il faut consulter les recueils de jurisprudence.

Il existe plusieurs collections des décisions des divers tribunaux; la plupart n'ont aucun caractère officiel, mais elles n'en obtiennent pas moins une confiance méritée.

Je ne puis rien ajouter pour le moment à ces notions sommaires sur le droit privé et les monuments qui le renferment.

III.

Plan des leçons. Nous venons de terminer ce coup d'œil d'ensemble sur le droit que je vous devais comme introduction générale aux leçons que j'ai mission de vous faire.

Quels sont les points que je toucherai dans ces leçons? quel est l'ordre que je vais suivre?

Assurément nous ne toucherons pas à toutes les matières du droit public et du droit privé.

Nous ne pouvons même pas aborder tout l'ensemble du droit administratif.

J'ai peu de temps devant moi, et je dois consacrer ce temps à vous donner l'instruction juridique qui vous est nécessaire pour l'exercice de vos fonctions.

Je me propose donc de vous enseigner la partie du droit administratif qui vous intéresse spécialement, en y mêlant des notions de droit constitutionnel, de droit civil et de droit pénal, sans lesquelles mon enseignement serait incomplet.

Je ne puis pas vous développer ici tout le cadre de mes leçons, mais en voici les grandes divisions.

Nous étudierons, dans une première partie, l'organisation et les attributions des pouvoirs publics: — pouvoir législatif, — pouvoir exécutif : autorité gouvernementale, autorité administrative, autorité judiciaire.

Naturellement, c'est sur l'organisation de l'autorité administrative que j'insisterai le plus.

Je terminerai cette première partie par un exposé historique et pratique de l'organisation des autorités préposées à l'administration des travaux publics et de l'organisation du corps des ingénieurs des ponts et chaussées.

C'est alors que je pourrai vous faire bien voir quelle est votre place dans la hiérarchie des autorités administratives, et préciser votre mission.

La seconde partie sera consacrée à l'étude des matières administratives dans lesquelles les ingénieurs des ponts et chaussées ont une action.

Mais je devrai la faire précéder de quelques notions de droit civil sur la capacité des personnes, la propriété et les obligations, notions qui dominent les règles spéciales applicables aux services publics dans la gestion desquels vous avez une part.

Nous étudierons ensuite : 1° les règles générales de l'exécution des travaux publics à un triple point de vue : — au point de vue des finances publiques, — des rapports avec les entrepreneurs chargés de l'exécution des travaux, — des rapports avec les propriétaires qui peuvent souffrir un préjudice ou recevoir un bénéfice des travaux exécutés;

2° Les règles relatives à la voirie : — routes de terre, — chemins de fer, — chemins vicinaux, — voirie urbaine;

3° Les règles relatives aux cours d'eau navigables et flottables et aux cours d'eau non navigables;

4° Enfin, les règles relatives aux machines à vapeur et aux ateliers dangereux, insalubres et incommodes.

IV.

Esprit général
de
l'enseignement.

Tels seront, Messieurs, l'objet et l'ordre de mon enseignement. Laissez-moi vous dire, en terminant, quelle est la pensée qui le dominera.

Un magistrat éminent rappelait, il y a quelques jours, devant la Cour de cassation, dans son audience solennelle de rentrée, cette parole de Montesquieu : « L'esprit de modération doit être celui du législateur ». Je voudrais vous persuader que ce doit être aussi l'esprit de l'administrateur.

Vous avez vu que le droit administratif, dont nous allons étudier les règles, impose très-fréquemment à l'intérêt privé des charges, des sacrifices, en vue de l'intérêt public.

Vous êtes appelés à être au nombre des organes de l'intérêt public, et votre mission sera, dans beaucoup de cas, d'appliquer ces prescriptions onéreuses pour la propriété privée. Dans l'exercice de cette mission, vous devez assurément être fidèles à votre devoir, c'est-à-dire faire respecter, faire prédominer l'intérêt public. Mais n'oubliez pas, je vous en conjure, non-seulement de respecter le droit privé, mais même de ménager l'intérêt privé. On trouve toujours très-doux de jouir des avantages que procure la société ; on a toujours de la peine à se soumettre aux sacrifices qu'elle impose. Ne faites pas trop sentir le sacrifice. Adoucissez-le, ou du moins restreignez-le dans la limite de ce qui est strictement nécessaire. Songez que, aux yeux des citoyens avec lesquels vous êtes en rapport, vous représentez l'autorité publique, et que l'on s'en prend

toujours à la représentation la plus élevée de l'autorité publique, au gouvernement lui-même, des actes vexatoires
ou rigoureux de ses agents.

Cette préoccupation que je vous exprime en ce moment inspire constamment les décisions du Conseil d'État
en matière contentieuse. Elle a inspiré plusieurs circulaires
du ministre des travaux publics, dont je vous lirai plus
tard les sages instructions. C'est elle qui dictait récemment
au ministre de l'intérieur la recommandation instante qu'il
adressait aux préfets d'écouter toutes les plaintes, de ne
négliger aucune réclamation. « Il n'est pas de petits inté-
« rêts pour les intéressés, disait-il, et une simple question
« d'alignement, qui n'est pour l'administration qu'une
« affaire de détail, est souvent celle qui préoccupe le plus
« le citoyen qu'elle concerne, et qui lui inspirera le plus
« de mécontentement contre une administration négli-
« gente, le plus de reconnaissance pour une administration
« active et vigilante. »

Pour ma part, je vous répéterai plus d'une fois, en m'a-
britant derrière toutes ces autorités, le conseil que je viens
de vous donner.

Vos autres maîtres, Messieurs, vous ont enseigné jusqu'ici les procédés les plus sûrs pour exécuter solidement
les travaux publics en ménageant les deniers de l'État. Je
tiens à vous apprendre la manière de ménager un capital
plus précieux encore, l'affection des citoyens pour le gouvernement.

APPENDICE.

DE LA CENTRALISATION
ET DU SYSTÈME CONNU SOUS LE NOM
DE TUTELLE ADMINISTRATIVE.

(Fragment de la 3e conférence.)

[illegible]

Je dois appeler votre attention sur un principe fonda-
mental qui domine toute l'organisation administrative : agents,
conseils, juridictions ; c'est le principe de la centralisation.

La France, Messieurs , est une. Il n'y a pas dans l'Empire français, comme dans l'Empire d'Autriche, plusieurs
nations qui relèvent du même souverain, mais qui forment
à peu près des États distincts avec une législation, un gouvernement particuliers. Les différentes parties de notre territoire ne sont que des fractions du même tout. Il n'y a plus
de Bretagne , de Guyenne , de Languedoc , de Provence ,
de Bourgogne. Il n'y a qu'une France , qu'une nation ho-
mogène, qu'une patrie commune à tous les Français.

Vous savez par quels efforts persévérants ce grand résultat a été obtenu ; comment nos rois y ont travaillé pendant six siècles, formant le territoire par des conquêtes, des
mariages, des traités, des confiscations même, puis organi-
sant peu à peu les institutions. Vous savez que cette œuvre
de la royauté commencée par Philippe-Auguste, poursuivie
par saint Louis, Philippe le Bel, Charles V, Charles VII,
Louis XI, Henri IV, par Richelieu pour le compte de

Louis XIII, par Louis XIV avec Colbert et Louvois, a été consacrée définitivement par l'Assemblée constituante en 1789.

Pour l'affermir, l'Assemblée constituante a supprimé les anciennes provinces; elle a remanié le territoire de la France et l'a divisé en quatre-vingt-trois départements. Puis, après avoir consommé l'unité territoriale, elle a complété l'unité des institutions.

Il y a aujourd'hui une école politique qui, entraînée par une passion exclusive pour la liberté et reprenant, à ce point de vue, la thèse des partisans de l'inégalité, regrette sinon le morcellement de la France, du moins la diversité de ses institutions anciennes, qui donnaient, dans certains cas, des garanties pour les droits de l'individu.

Mais il faut en prendre son parti. Si le travail de l'unité française n'a pas profité principalement à la liberté, il a produit l'égalité devant la loi, soit qu'elle protège, qu'elle impose ou qu'elle punisse, et cette égalité, ne l'oublions pas, c'est la justice. Il a conduit à fonder l'autorité publique sur une autre base que celle du droit de propriété territoriale. Il a créé la puissance et la grandeur de la France en face de l'étranger.

Ce sont là des bienfaits qui méritent notre reconnaissance. Il est possible que nos rois, qui travaillaient à l'unité nationale, que l'Assemblée constituante, qui l'a consacrée définitivement, aient, en brisant des obstacles à l'égalité, supprimé des garanties pour la liberté. Mais la faute en doit peser principalement sur la résistance injuste des privilégiés; d'autant plus ardents à conserver leurs priviléges qu'ils avaient cessé de rendre les services qui les avaient motivés ; car c'est cette résistance qui a forcé à dépasser le but et à tout anéantir au lieu de tout réformer.

Quelles devaient être les conséquences de cette unité et les moyens de la réaliser ?

Le but de la société est d'abord d'assurer à ses membres la libre jouissance de leurs droits contre toute attaque, de garantir la sécurité intérieure et extérieure ; c'est l'œuvre du gouvernement, de l'armée, de la justice.

Il fallait, pour arriver à ce résultat, un pouvoir unique, se faisant obéir de tout le pays, disposant de l'armée nationale, à la formation de laquelle contribueraient tous les citoyens, une législation unique pour toutes les parties du territoire, et un corps de magistrature appliquant cette législation dans le même esprit ; enfin un trésor public, une bourse commune formée d'un prélèvement sur les deniers de tous les citoyens et pourvoyant à l'entretien des agents du gouvernement, de l'armée et de la justice.

Tout cela était ébauché avant 1789, et s'est réalisé depuis cette époque.

Il y a pour toute la France un pouvoir législatif unique, un seul gouvernement, une armée, un trésor public.

Il y a aussi une législation civile et criminelle, qui est la même pour tous les Français ; et pour que cette législation soit toujours appliquée dans le même esprit, sans quoi il serait inutile de l'avoir faite une, il y a au sommet de la magistrature, de l'autorité judiciaire, un corps spécialement chargé de veiller à l'application de la loi. Ce corps est la Cour de cassation, ainsi nommée parce que sa mission est de casser les arrêts des juridictions locales qui s'écarteraient de la véritable pensée du législateur, et qui, par sa jurisprudence, ramène à l'unité les jurisprudences des diverses cours.

Voilà la centralisation politique et la centralisation judiciaire.

Remarquez que centralisation n'est pas concentration. On a fait souvent à ce sujet une très-regrettable confusion, et je dois dire que l'Académie française est le premier coupable.

Centraliser ne veut pas dire concentrer dans les mêmes mains, sur un même point, mais rattacher, relier à un centre, ce qui est très-différent.

Ainsi on ne peut pas dire qu'il y ait concentration des affaires judiciaires à Paris ; nul ne peut nier qu'il y ait une centralisation judiciaire (1).

Mais une fois acquise la centralisation politique et la centralisation judiciaire, est-ce tout ce qui est nécessaire pour réaliser l'unité de la France ?

Non, Messieurs. La société a pour but aussi, je vous l'ai dit, de procurer à ses membres la satisfaction des besoins collectifs auxquels l'initiative des individus ou des associations d'individus serait impuissante à pourvoir avantageusement.

Elle y arrive par la gestion de divers services publics et par des mesures de police, de surveillance, de prévoyance.

L'unité de la France ne conduit-elle pas à procurer aux

---

(1) La même confusion s'est produite par voie de conséquence pour le mot décentralisation. On a donné ce nom en 1852 et 1861 à des mesures qui n'ont pour objet qu'une *déconcentration*. Nous prions qu'on nous passe le mot. La centralisation n'implique pas que tout se fasse par le pouvoir central ; elle implique que tout soit dirigé ou contrôlé par lui. Que l'action émane du pouvoir central lui-même ou qu'elle émane de ses agents sous sa direction, il n'y en a pas moins centralisation.

citoyens du même pays la satisfaction de ces besoins collectifs dans les mêmes conditions? Et ne faut-il pas centraliser l'administration, comme la justice, comme le gouvernement?

Ne faut-il pas surtout centraliser la partie de l'administration dans laquelle le pouvoir de l'autorité s'exerce par voie de règlement, sorte de législation secondaire qui ne peut contredire la législation principale sans enlever aux citoyens une partie du bénéfice de l'unité de législation?

Depuis 1789, comme avant 1789, le législateur a répondu : oui, en principe. Il a établi la centralisation administrative.

Il l'a établie pour l'action.

Il l'a établie également pour la juridiction.

C'est du centre que part l'impulsion ; c'est au centre que réside le contrôle suprême destiné à maintenir l'unité dans l'application de la législation administrative.

Suit-il de là, Messieurs, que l'État, représentant de la société, gère seul, par ses agents répandus sur toute la surface du territoire, tous les services publics qui font l'objet de l'administration ?

Non. Je vous l'ai dit, en définissant le droit administratif, l'État n'est pas seul à personnifier les intérêts collectifs des citoyens.

Il y a à côté ou plutôt au-dessous de lui des organes de sociétés plus restreintes, composées de fractions du territoire, qui ont leurs intérêts collectifs propres, leurs propriétés distinctes, leurs charges et leurs ressources particulières : le département et la commune.

La centralisation n'empêche pas la vie propre de ces petites communautés.

Le législateur a distingué entre les intérêts généraux, qui doivent recevoir satisfaction dans toutes les parties de la France, avec les ressources générales du pays, et les intérêts locaux auxquels il doit être pourvu au moyen des ressources de chaque localité.

Le pouvoir central a seul été chargé directement du soin des intérêts généraux.

Je puis vous citer comme services publics généraux : le service des routes impériales, des grands chemins de fer, des rivières navigables, des canaux, des ports, des phares; — une partie du service de l'instruction publique; — une partie du service du culte, — et un grand nombre des branches de la police administrative.

Voilà la part faite au pouvoir central.

Puis, aux pouvoirs chargés d'administrer les communautés territoriales, départements et communes, a été confié le soin des intérêts locaux.

Ainsi, les habitants de ces diverses circonscriptions, en même temps qu'ils participent aux bénéfices des services publics institués par l'État et qu'ils en supportent les charges, participent aux bénéfices de certains services institués principalement pour eux et exclusivement à leurs frais, sauf le concours que la grande association peut accorder à chacune de ces petites sociétés.

A côté des routes impériales faites par l'État pour desservir les intérêts généraux de la France, se trouvent les routes départementales faites aux frais des départements, puis les chemins vicinaux, créés et entretenus aux frais des communes.

Seulement la législation a réservé au pouvoir central un contrôle sur l'action de ces petites sociétés, parce que les intérêts locaux ne peuvent pas être complétement distincts des intérêts généraux.

L'Assemblée constituante de 1789, dans l'instruction jointe à la loi des 14-22 octobre 1789, disait : « Il importe à la grande communauté nationale que toutes les communautés particulières qui en sont les éléments soient bien administrées ; qu'aucun dépositaire des pouvoirs n'abuse de ce dépôt. »

On ne peut pas en effet assimiler les communautés territoriales, dont on se trouve membre par le fait seul qu'on y est né, qu'on a l'habitude d'y vivre ou qu'on y est propriétaire, avec les associations dans lesquelles on entre volontairement.

Il y a trois défauts qui peuvent être le fait des autorités locales et contre lesquels il est nécessaire de prendre des garanties au point de vue des intérêts généraux et au point de vue des intérêts locaux : la tyrannie, c'est-à-dire la violation des lois qui assurent la liberté et l'égalité des citoyens ; la négligence et la prodigalité.

En parlant de la tyrannie, je n'évoque pas un fantôme ; les exemples seraient faciles à citer. On peut choisir dans l'histoire d'avant 1789 comme dans une histoire plus moderne la preuve que la liberté des administrateurs locaux, même élus par les citoyens, ne serait pas la liberté des administrés, surtout de la minorité des administrés.

Quant à la négligence, elle est malheureusement trop fréquente. Tel qui s'est remué beaucoup pour arriver à une position qui met en relief n'a pas l'énergie nécessaire pour sacrifier continuellement une partie de son temps aux affaires publiques.

Dans une note dictée au ministre de l'intérieur en 1800,

au sujet de l'administration des communes, le premier Consul disait : « L'intérêt personnel du propriétaire veille sans cesse, fait tout fructifier ; au contraire, l'intérêt de communauté est de sa nature somnifère et stérile : l'intérêt personnel n'exige que de l'instinct ; l'intérêt de communauté exige de la vertu, et elle est rare. »

Or cette négligence pourrait compromettre singulièrement les intérêts des citoyens, en laissant en souffrance des services publics dont la gestion a été confiée aux autorités locales : une partie des services du culte, de l'instruction publique, de la voirie.

Enfin la prodigalité peut être inspirée ou par le légitime désir de satisfaire à des besoins pressants ou par l'ambition de laisser une trace de son passage.

Cette prodigalité des autorités locales peut être dangereuse pour les intérêts généraux ; car les ressources destinées aux dépenses locales se puisent dans la bourse des citoyens comme les ressources destinées aux dépenses générales ; et si les autorités locales épuisent les forces contributives des citoyens, quels seront les moyens d'action de l'État pour subvenir aux dépenses d'intérêt général ? Ce n'est pas une hypothèse que j'indique ici. Il y a peu de jours qu'un homme d'État du royaume d'Italie signalait le grave embarras où se trouve ce pays par suite de la liberté illimitée laissée aux communes de se grever d'impôts : l'impôt communal se trouve supérieur dans beaucoup de communes à l'impôt établi par l'État.

La prodigalité des autorités locales pourrait aussi compromettre l'avenir des localités elles-mêmes, qui est également un intérêt général. Les administrateurs et les administrés seraient facilement d'accord pour disposer au

profit de la génération présente du patrimoine de ces petites sociétés, qui doit être conservé, sauf des cas exception-
nels, comme une ressource pour l'avenir.

Le législateur, tout en laissant aux autorités locales un
pouvoir propre dans certains cas, l'initiative des mesures
dans beaucoup d'autres cas (ce qu'on oublie trop quand
on critique notre système actuel), a réservé à l'autorité centrale un droit de réformation pour faire tomber les actes
tyranniques des autorités locales, un droit de coaction pour
triompher de leur négligence, un droit de veto pour empêcher leur prodigalité.

Voilà, Messieurs, en quelques mots, l'origine, les motifs
et la constitution de la centralisation administrative, tant
en ce qui touche les intérêts généraux qu'en ce qui touche
les intérêts locaux.

On a appelé du nom de tutelle administrative le système
établi pour relier les intérêts locaux aux intérêts généraux.
On a dit que les départements, les communes, les établissements publics, étaient mineurs.

Je vous ai indiqué que ces expressions me paraissaient
inexactes et regrettables; je ne suis pas le premier à le dire.
Il y a plus de trente ans, un homme d'État à qui nul ne
peut contester le titre d'historien illustre et national, dis-
cutant devant la Chambre des députés un projet de loi sur
l'administration municipale, démontrait, dans un discours
qui fit repousser presque à l'unanimité la proposition d'une
commission de la Chambre, que « ces expressions de
tutelle et de minorité sont fausses et que c'est avec des
expressions fausses qu'on répand dans le pays des erreurs
dommageables (1). »

____

(1) Discours de M. Thiers, alors ministre du commerce et des travaux publics,

Ce mot de tutelle administrative a donné lieu en effet à une appréciation inexacte des motifs qui avaient fait établir ces garanties contre les pouvoirs locaux. Il a donné lieu à de véritables déclamations; on s'est indigné fièrement d'être tenu en tutelle, de ne marcher qu'avec des lisières, et on a réclamé le droit de courir seul, au risque de tomber, pour essayer ses forces et les développer.

Mais vous avez vu que le contrôle exercé sur les autorités locales n'est pas motivé principalement par la crainte que les administrateurs locaux ne manquent de lumières et n'apprécient pas bien les intérêts locaux. Il est fondé avant tout sur la crainte qu'ils ne compromettent les intérêts généraux et les intérêts de l'avenir de la localité.

Il a pour but, en outre, d'empêcher que les dépositaires du pouvoir local n'abusent de leur autorité; et nous comprenons mal que l'on réclame, au nom de la liberté, contre une précaution prise en vue d'éviter des abus de pouvoirs.

A un autre point de vue, le mot de tutelle administrative est fâcheux; c'est au point de vue de l'application des règles du droit administratif. On a trop souvent voulu chercher, dans la manière d'agir des conseils locaux et des autorités supérieures, des analogies avec l'action du tuteur d'un mineur, du conseil de famille, du tribunal homologuant les délibérations du conseil de famille, et là encore on est tombé dans des erreurs, parce que les situations ne sont semblables qu'en apparence.

Nous aimerions donc mieux écarter ce mot de tutelle

---

dans la discussion du projet de loi sur les attributions municipales. (Séance du 6 mai 1833. — *Moniteur* du 8 mai, p. 1275.)

administrative, pour y substituer le mot plus juste de contrôle.

Ce système de contrôle est organisé en France depuis Colbert, qui a, le premier, centralisé le service de l'entretien des voies publiques, et qui a, le premier aussi, fait intervenir l'autorité centrale pour mettre l'ordre dans les finances municipales, odieusement dilapidées.

Pour ma part, quand je vois que ce système a ses origines sous l'ancienne monarchie, je suis loin d'être disposé à le condamner et à le déclarer incompatible avec les idées modernes. A mon sens, s'il a survécu à l'explosion révolutionnaire, qui a fait tant de ruines, et s'il a été consacré par l'Assemblée constituante, qui n'était pas arrêtée par la pensée de faire table rase des anciennes institutions, c'est qu'il répondait à une nécessité de notre état social, de notre unité nationale.

Les publicistes, qui revendiquent pour eux le monopole du libéralisme, se récrient quand on les accuse de vouloir, en détruisant la centralisation administrative, porter atteinte à l'unité nationale.

Vous pouvez juger si leur prétention est fondée. La preuve qu'elle ne l'est pas, c'est que j'en ai vu plusieurs aller chercher des modèles pour la réforme de nos institutions, dans les petits États de la Confédération germanique ou dans l'agglomération de nationalités différentes qui compose la monarchie autrichienne.

Maintenant, la législation actuelle doit-elle être complétement maintenue et dans tous ses détails? N'y a-t-il pas, à côté des inconvénients qu'il faut supporter, des abus qu'on peut corriger? Je le crois volontiers, mais ce n'est pas le lieu de le discuter.

Je demande seulement que, dans ce travail de révision, on n'oublie pas l'histoire de notre pays. Je demande aussi qu'on n'oublie pas ce qui se passe dans les pays voisins, et que, en cherchant à introduire plus de liberté dans le régime de notre centralisation, on ne perde pas de vue que, depuis plusieurs années, l'Angleterre s'efforce de mettre de la centralisation dans son régime de liberté.

Je comprends qu'on désire donner aux hommes qui aspirent à la vie publique une occasion de se former par la pratique des affaires; mais il ne serait pas juste de leur fournir les moyens de faire leur éducation au détriment des intérêts généraux. A ce prix, l'école coûterait trop cher au pays.

Il m'a semblé utile d'insister sur la centralisation dans un temps où l'on parle beaucoup de décentralisation.

Je tiens à vous le faire remarquer : la décentralisation administrative, dont certains publicistes réclament une extension presque radicale, au moment où le gouvernement propose de l'accorder dans une mesure qui donne satisfaction à tous les intérêts légitimes, ne s'applique qu'au contrôle exercé par le pouvoir central sur les actes des autorités chargées d'administrer les départements et les communes. Mais il n'est pas question, du moins quant à présent, de détruire ni de diminuer la centralisation administrative pour les services d'intérêt général. A ceux qui soulèveraient cette question, je demanderais de lire ce qu'un écrivain peu suspect, puisqu'il était un des plus ardents adversaires de la centralisation administrative, le regrettable M. de Tocqueville, a écrit sur les résultats de l'absence d'une administration générale aux Etats-Unis :

« Certaines entreprises intéressent l'État entier et ne peuvent cependant s'exécuter, parce qu'il n'y a point d'administration nationale qui les dirige. Abandonnées aux soins des communes et des comtés, livrées à des agents élus et temporaires, elles n'amènent aucun résultat et ne produisent rien de durable (1). »

Assurément, la liberté est un bien précieux ; mais il ne faut pas lui sacrifier tous les autres biens que la société est destinée à nous procurer.

---

(1) *De la démocratie en Amérique*, ch. v. *Des effets politiques de la décentralisation administrative aux États-Unis.*

FIN DE L'APPENDICE.

TABLE DES MATIÈRES.

APPENDICE.

Paris, imprimerie de Paul Dupont, rue de Grenelle-Saint-Honoré, 45.